작가와문학 시선 004

햇귀 한 줌, 갈피끈 되다

작가와문학 시조선 001

햇귀 한 줌, 갈피끈 되다

인쇄 · 2024년 10월 23일 | 발행 · 2024년 10월 30일

지은이 | 최평균
펴낸이 | 김나인
펴낸곳 | 작가와문학

주간 · 고안나 | 편집 · 최충식 공화순 | 마케팅 · 공화순
등록 · 2012년 3월 17일
주소 · 충남 보령시 주공로132(대보주택 8동 302호) 작가와문학
대표전화: 010-8813-0109
이메일 · shfnrndepddl@hanmail.net

ⓒ 최평균

ISBN 979-11-967751-6-2
값 10,000원

저자와의 합의에 의해 인지는 생략합니다.
이 책은 예술인복지재단의 창작지원금을 받아 발간함.
이 도서의 전부 또는 일부 내용을 재사용하려면 사전에 저작권자와 작가와문학의 서면에 의한 동의를 받아야 합니다

작가와문학 시선

004

햇귀 한 줌, 갈피끈 되다

최평균 시조집

| 시인의 말 |

  현대시조에 매진하여 공부한 지도 어언 12년이 되었습니다. 이제 매년 10여 편씩 써 놓았던 글들을 모아 책을 엮으려고 펼쳐보니 참 못난 글들입니다. 하지만 어찌합니까. 못나도 내가 낳은 자식 같은걸요. 그래서 부끄럽지만, 조심스럽게 세상에 내보냅니다. 이 책을 내면서 자유시를 제대로 쓸 수 있게 이끌어주신 불문학 박사 故, 이가림 교수님과 현대시조의 참 틀을 잡아주시고 격려를 아끼지 않으신 의학박사이며 시조 시인 故, 정평림 교수님께 감사드리며, 합평이 끝나면 막차 시간까지 뒤풀이로 쓴 소주를 나누던 때를 추억합니다. 그 시절이 제 문학 여정에서 花樣年華이었던 것 같아 무척 아쉽고 그립습니다. 두 분 교수님의 평안한 영면을 기원합니다.

2024년 가을에
蒼靄 崔平均

| 차례 |

■ 시인의 말

제1부

도라지 씨앗 ·················19
녹슨 호미 ·················20
책장을 덮으며 2 ·················21
쪽파 한 단 ·················22
빈 둥지 증후군 ·················23
감자밭 ·················24
가오리무늬 반지갑 ·················25
에이 티 엠 ·················26
바보 단추 ·················27
여름, 입덧하다 ·················28
방사능꽃을 ·················29
밤눈, 혹은 A4 한 장 ·················30
벚꽃, 지다 ·················31
먹감나무 문갑 ·················32
머위꽃 피는 둔덕 ·················33
앵두가 익어가는 계절이 오면 ·················34
지네의 성 ·················35
다람쥐 덫 ·················36
열매달의 가을 내음 ·················37
펀치볼 시래기 덕장 ·················38
바랭이밭 도라지꽃 ·················39

제2부

봄 숲, 가랑비 내리고 ·········· 43
악필도 개성이라면 ·········· 44
영등포역 냉이꽃 ·········· 45
화단의 바위취처럼 ·········· 46
소코뚜레 ·········· 47
아욱에 대한 명상 ·········· 48
우짤꼬, 우리 강산 ·········· 49
엄나무, 가시 갑옷 걸쳐 입고 ·········· 50
빙어, 세상을 털다 ·········· 51
반창고, 진실을 덮다 ·········· 52
무인도, 혹은 고립 ·········· 53
부추꽃, 눈시울 붉다 ·········· 54
낙엽 타는 연기 ·········· 55
겨울 화분 ·········· 56
선녀벌레 ·········· 57
자물쇠, 그 깊은 속내 ·········· 58
품삯 420원 ·········· 59
여의도 부나비 ·········· 60
허파볶음 한 접시 ·········· 61
침대 요에 대한 ·········· 62
치약, 어제를 닦다 ·········· 63

| 차례 |

제3부

봄 아침, 퇴근 버스 안에서 ·········67
부엉골 ·········68
분꽃 사리 ·········69
브이 알, 오감을 깨우다 ·········70
서울행 곤줄박이 ·········71
흰독말풀*에 대한 명상 ·········72
툇마루, 게으름 반나절 ·········73
아파트 화단 산딸나무 ·········74
청양 오일장 ·········75
콩잎에 단풍 들 때 ·········76
멀리 있는 집 ·········77
환삼덩굴 ·········78
낡은 복사기, 혀를 차다 ·········79
부추꽃 피는 계절 ·········80
진경산수, 오서산 억새 ·········81
자주닭개비 ·········82
수락산 마당바위 ·········83
배추꼬갱이 ·········84
단오 무렵 ·········85
가을 민들레 ·········86
물김 한 줌 ·········87

제4부

월요일, 영등포역 …………………………… 91
ESC ……………………………………………… 92
고층 아파트, 에어컨 실외기 ………………… 93
설날 아침 밥상 ………………………………… 94
대지에 서다 …………………………………… 95
페트병 쌓인 뒤란 ……………………………… 96
이런 벗 있었으면 ……………………………… 97
타워크레인, 밤 지새우다 …………………… 98
춘양 시장 미인다방 …………………………… 99
CCTV 영상 속으로 …………………………… 100
뚫어뻥 ………………………………………… 101
달려라, 라이더여 …………………………… 102
다리 없는 의자 ……………………………… 103
연필밥 ………………………………………… 104
닭벼슬 깜냥에 ………………………………… 105
두루마리 휴지 ………………………………… 106
고맙다, 가을에 핀 꽃 ………………………… 107
강남 갈겨니 …………………………………… 108
길라잡이 내비게이션 ………………………… 109
지하주차장 …………………………………… 110
가을 장터 ……………………………………… 111

| 차례 |

제5부

정리 해고 …………………………………… 115
반 꼬집, 후춧가루 ………………………… 116
통일옥에서 ………………………………… 117
페트병 바람개비 …………………………… 118
샤브샤브 냄비 ……………………………… 119
소파에 유령이 산다 ……………………… 120
자판기 커피, 그 한 잔에 ………………… 121
엄나무 장아찌 ……………………………… 122
잃어버린 양말 한 짝 ……………………… 123
부활하라, 드론 …………………………… 124
양미리구이 ………………………………… 125
소변기, 파리 스티커 ……………………… 126
무채를 썰며 ………………………………… 127
야구선수 오지환 허벅지 ………………… 128
눈 내리는 빙판에서 ……………………… 129
단칸방 콩꼬투리 …………………………… 130
노량진 겨울 냉이 …………………………… 131
말리 재스민 ………………………………… 132
고양이가 물고 가던 ……………………… 133
겨울나무, 보일러 품다 …………………… 134
광화문 멧비둘기 …………………………… 135

제6부

- 침목枕木, 대륙을 여는 · 139
- 크림빵과 아버지 · 140
- 리모컨에 코 꿰어서 · 141
- 신라면 봉지 · 142
- 도꼬마리 · 143
- 개 짖는 소리 · 144
- 구곡폭포, 얼어붙은 · 145
- 봄맞이 · 146
- 쥐똥나무 울타리 · 147
- 국화 화분, 그 받침 · 148
- 남도의 해안도로, 걷다 · 149
- 쇠뜨기 풀밭에서 · 150
- 수변안내 속으로 · 151
- 내 속의 방랑자 · 152
- 신도림역에서 · 153
- 봉지 커피 하나에 · 154
- 원고지 한 장 · 155
- 신발끈 질끈 매고 · 156
- 안테나 솟대 · 157
- 햇귀 한 줌, 갈피끈 되다 · 158
- 염화칼슘 한 삽 · 159

햇귀 한 줌, 갈피끈 되다
바랭이밭 도라지꽃

제1부

도라지 씨앗

겨우내 마칼바람 을러대도 꿈쩍 않고
별과 달 불 밝히고 들깨워도 꿈속이었어
웅크려 때를 기다린
작은 우주 품은 한 톨

첫서리 내리기 전 자드락에 뿌린 씨앗
꽃샘추위 앙칼져도 여린 싹이 고물고물
돌짝밭 잡풀 헤치고
애근히 오른 빈주먹

봄볕 한껏 살가워도 저 땅속 쭉정이는
쌍떡잎 떠받치려고 정강이 살 단련하네
살과 피 다 내주고도
걱정뿐인 움 어머니

녹슨 호미

생기 품은 작은 씨앗 솔솔솔 뿌리고 나면
솔수펑이 소쩍새는 알찬 결실 예언했네
슴베를 통신선 삼아 뜻을 모은 날과 자루

들판 적신 장마 후에 궐기하던 바랭이들
우직한 강철 날에 무참히도 쓰러졌지
'ㄱ'자로 한껏 목 꺾어 돌밭 흙밭 뒤집었네

서리 내린 빈 텃밭에 녹이 슨 호미 하나
댕그라니 주저앉아 지난날 되짚는가
김매듯 살아온 나도 손을 터는 늦가을

책장을 덮으며 2

멀어지는 엔진 소리 쪽 창문 떨림 남고
당귀차 하마 식어 향이 옅은 주말 오후
헐거운 안경 너머로 옛사람 글 읽는다

멀어지고 가까워진 산그리메 절묘하고
책갈피 행간마다 녹아 있는 붓의 향기
어느새 두보가 되어 칠언절구 풀어본다

당시唐詩에 흠뻑 취해 젖어 든 시인 세상
술 마시다 벼슬 놓친 맹호연을 흠모하다
일순간 책장을 덮어 일상으로 돌아온 날

쪽파 한 단

삿대질로 항거하던 분기탱천 간데없고
꽁꽁 묶인 쪽파 한 단 손 처분만 기다렸어

빗소리 자진방아로
프라이팬도 들썩이고,

가지 말란 말 못 하고 헤어졌던 그날처럼
몸에 밴 알싸한 향 두 눈자위 붉혀졌어

앵돌아 빗속을 떠난
청바지 입은 그 여인

흰 목덜미 멋쟁이들 머드팩 버무리고
불판 위 드러누워 노릇노릇 선탠하나

울 엄니 저녁 끼니로
부쳐주던 그 파전

빈 둥지 증후군

밥 냄새 구수하던 아침 식탁 가뭇하고
저녁마다 불 밝히던 현관 전등 졸고 있네
낙엽 진 오동나무 둥지, 찬바람만 가득 찼다

품 떠난 숨탄것들 꽃 피우는 억척 세상
죽지 크면 본능대로 제 짝 찾아 날아간다
텅 빈 방 어둠 짙어져 쓸쓸함이 깊어 가네

서쪽 하늘 붉어지면 검버섯 뚜렷하고
아들딸 떠나가고 헐거워진 저 신발장
둘이선 채울 수 없는 헐거운 너른 거실

감자밭

텃밭은
그저 한 뼘
자갈은 두 가마니

봄볕은
인색하고
농심은 썰렁한데

촌로의
주름진 손길
감자꽃을 피운다

가오리무늬 반지갑

비루한 살림살이 온새미로 지켜오며
알뜰살뜰 살아오던 아내 같은 복주머니
품었던 신용카드는 숨겨둔 비상구였지

반쯤 찢긴 옆구리로 빼꼼 보는 얼루기 명함
귀한 님 향취까지 으밀아밀 지킨 파수꾼
녹이 슨 빗장 고리가 헐거워져 서글프다

늙고 낡은 곳간지기 손때 묻은 반지갑이
기력을 다했다고 은퇴를 준비하네
아귀찬 가오리 무늬 가죽 성자가 소천하네

에이 티 엠*

투박한 몸치에도
목소리는 자애롭고

고액권만 내어주는
노블레스 오블리주

꺼내어 주기만 하는
어머니 봉창 같은,

CCTV 눈총 속에
어깨 세운 철불좌상

줄지 않는 화수분처럼
재화 가득 채우고서

남은 생 이웃을 위해
내미는 손 되고 싶은,

* ATM(automatic teller machine): 현금 자동 입출기.

바보 단추

더운 날씨 부담돼도 정장 차림 외출 준비에
하늘색 와이셔츠 채워가는 흰 자물쇠
네 구멍 촘촘히 엮어 단 한치 빈틈없네

차례대로 자리 찾아 둥지 틀고 앉은 후에
허리띠 매고 나면 바지춤에 숨는 하나
남 앞에 나서지 않는 마지막 바보 단추

첫 직장 출근하는 아들을 배웅하며
"첫 단추를 잘 끼워야" 당부하신 울 어머니
한평생 뒷바라지로 분칠 한 번 못 했지

여름, 입덧하다

온 하늘 메운 먹빛 가실 기미 없는 세상
발길 묶은 돌림병에 마음마저 갇혀있네
현관을 지키는 구두에
우담바라 피어난다

햇볕 쨍한 계절인데 올핸 어찌 암팡지나
물폭탄 센바람이 자근자근 밟는 자드락
견디고 이겨낸 놈만
우쭐대는 가을 올까

볶아대고 들쑤시는 대자연의 씨양이질
생채기 난 살집마다 깃든 기운 움이 터서
눈부신 순산 꿈꾸며
입덧하는 이 여름

방사능꽃을

담장 옆에 피어있는 한 무리 자주달개비*
방사능 감지하면 흰색으로 변한다지
그 꽃잎 생선회 위에 데코레이션 해볼까

수선화 스러진 자리 염치없이 점령하고
아침이슬 잔뜩 먹고 고개 쳐든 발칙한 꽃
동, 남해 해안선 따라 촘촘히 심어볼까

원전 주변 둘러심은 안전 확인 지표식물
후쿠시마 오염수로 걱정거리 쌓여갈 때
해산물 수조에 띄워 불안감 덜어볼까

* 북아메리카 원산 귀화 식물. 방사능을 쏘이면 꽃잎 색이 자주색에서 흰색 등으로 변한다고 함.

밤눈, 혹은 A4* 한 장

할복割腹을 네 번 해도 흐트러짐 없는 자태
한 반나절 쳐다봐도 하얀 결기 지지 않고
지청구 허락지 않는 저 사각四角 도도하다

못난 날 늘어놔도 온몸으로 받아내곤
넘치면 안 된다고 여유까지 부리는가
여백은 에이포 한 장, 행간이 촘촘하다

팔다리 쑤신다던 어머니 곧 잠드신 후
밤새도록 눈이 내려 앞마당은 백지 한 장
빼곡히 써서 채우네, "사랑해요 어머니"

* 전지(A0)를 4번 자른(전지의 16등분) 용지.

벚꽃, 지다

왁자한 윤중로를 아우르던 그 벚나무

어제저녁 내린 비에 흰 꽃잎 흩뿌려 놓고

요 며칠 눈부신 강변, 헤어나질 못했지

꽃 막 진 자리마다 아린 상처 아물고 나면

딱지 앉은 받침마다 내려앉는 여린 기운

샛바람 강둑을 넘어 씨방 창문 두드리는,

풍찬노숙 다진 보람 한 댓새 꽃 피우고

버찌 익힐 때맞추려 주저 없이 떨어지네

흘린 땀 마른 틀 적셔 영그는 슬하 자식

먹감나무 문갑

암팡진 바람 맞던 집 뒤란 먹감나무
상강 무렵 저녁나절 삭은 떨켜 금이 가고
빈 가지 마른기침에
토방까지 내려앉네

하 오랜 검버섯도 머리맡에 수북하고
편두통이 짬짜미로 온 밤을 들쑤셨지
서릿발 도리깨질에
귀잠 깨는 이른 새벽

쌍떡잎 시절부터 돌고 돌던 먹빛 피멍
오랜 세월 담금질로 한 줌의 향 맺혔던가
예스런 문갑이 되어
빛내고 있는 아침

머위꽃 피는 둔덕

'산불 조심' 재난방송 아침저녁 닿는 삼월
먼지잼 한 줌 내려 땅거죽 다독이네
간밤에 개구리울음 곤한 잠 흔들더니

날개 풀린 꿀벌들이 배고프다 윙윙대는
잡초밭 둔덕 한쪽 고물고물 머위 이파리
저것 봐 봄바람 물고 일어서는 꽃대궁

모진 추위 앙버티고 꿈틀꿈틀 피어나는
꽃떡잎 녹쟁반 위 별을 품은 저 머위꽃
에둘러 보내온 편지, 당신 발밑 봄소식

앵두가 익어가는 계절이 오면

찔레꽃 가시 줄기 당돌하게 흙담 넘고

햇살 아래 개구리밥 실핏줄이 선명하다

지나온 논배미마다 밑줄 긋는 명지바람

여름 초입 이맘때면 소녀 얼굴 떠오른다

앵두라고 불렀었던 어릴 적 이종사촌

오빠를 애늙은이라 놀려대고 깔깔 웃던,

시집가고 해가 가며 가뭇해진 그 동생은

지금은 어느 곳에 빠알갛게 열렸을까

'까르륵' 그 웃음소리 듣고 싶은 시린 유월

지네의 성

방 안을 건너가는 새까만 절지동물
직립 인간 보란 듯이 이십여 쌍 발맞추고
간간이 곁눈질하며 여유롭게 걸어간다

불현듯 뇌를 스친 독을 품은 전래동화
파리채로 허공 갈라 놈의 숨통 끊었는데
아뿔싸! 그가 순찰하는 이 집은 지네의 성

몇 년간 빈 이곳에 귀촌 살림 차렸건만
공성전 한번 없이 무단으로 점령한 꼴
환호 속 개발 열풍에 한숨 쉬는 텅 빈 가슴

다람쥐 덫

토방집 문간 옆에 쌓아 놓은 잣 몇 자루
하루하루 주는 몸피, 서생원 놈 짓이렷다
산山 것은 원래 짐승 것 사람들이 도둑이지

어럽쇼? 꼬리 들고 주저앉은 저 다람쥐
실컷 먹고 양 볼에다 비축꺼정 하고 있네
산기슭 은밀한 거기 장물아비 있는가 봐

오가는 길목 짚어 쥐덫 서넛 놓아둔 날
웬일인가, 개 우는 소리 달빛 속을 더듬었지
발목을 물고 있는 덫, 엄한 놈만 된 꼴 본 셈

방향 잃은 덫 치기가 산골에만 있나, 어디
복지공약 지킨다고 생활용품 세금 올려
애꿎게 쨍그랑, 쨍그랑 유리지갑 깨지는걸

열매달의 가을 내음

견디어낸 지난여름 보상인 듯 오신 계절

열매달 가을 내음 온몸으로 느끼는 아침

알싸한 바람 소리에 두 눈 번쩍 떠진다

떨어지는 나뭇잎이 가볍게 날아와서

격자 창문 두드리네, 퍼렇던 뒤란 땡감

어느새 점멸등 되어 조락凋落을 예고한다

처마 밑 시래기와 장독대 무말랭이가

마음껏 햇살 품고 겨울 허기 준비하네

머릿속 나침반 따라 날아오는 쇠기러기

펀치볼 시래기 덕장

흰 구름 쓸어 올려 말끔해진 대암산 밑
고향 잃은 통일바라기 어언 저리 등 굽었네
어둑발 내리는 무밭, 된바람 설쳐댄다

재두루미 넘나드는 DMZ 윗동네를
목을 빼고 넘겨보다 새파랗게 질린 무청
몸통만 자드락밭에 나뒹구는 늦가을

뜸 잘 들인 오곡밥과 밥상 올라 맛 아우를
구수한 저 남새를 북이라고 외면할까
두 이념 손을 맞잡고 함께 즐길 날 오겠지

산등성이 넘어오는 불바다 엄포 속에
포화 속 피 흘린 땅은 긴장의 끈 더 옥죄네
철책 뒤 다시 친 목책, 펀치볼 시래기 덕장

바랭이밭 도라지꽃

먼지가 풀풀 나는 유난스런 봄 가뭄에
갈라지는 이랑 보면 현기증이 절로 나네
바랭이 다투는 풀밭, 까치발 서는 쌍떡잎

은하계와 교신하려 솟대 저리 올리는지
하늘 향해 부지런히 푸른 첨탑 쌓아가네
곁가지 꽃받침마다 내다 거는 위성안테나

풀벌레 고조곤히
꽃잠이 든 묵정밭에

별꽃 곱게 무리질 때
천상 소식 전해오네

어머님
안부를 담고
쏟아지는 별똥별

햇귀 한 줌, 갈피끈 되다
부추꽃, 눈시울 붉다

제2부

봄 숲, 가랑비 내리고

연둣빛 속옷만 입은 오월 산의 젖무덤이
아침 안개 살짝 가려 실루엣만 가물가물
그 속살 훔쳐보려고 침 삼키며 들어선다

경보기 울렸는지 가랑비 이내 내려
나뭇잎에 맺혔다가 신발 콧등 콕콕 찍네
겹겹이 막아선 덤불은 가시 한껏 치켜들고

재난 문자 닦달 피해 들어선 봄 숲에서
풀내음 흠뻑 취해 내려놓은 오늘 하루
암울한 잿빛 울타리로 되돌아갈 생각 없다

악필도 개성이라면

풋풋한 괘선지에 손길 따라 붓대 세우고
피어나는 꽃송어리에 벌 나비 서너 마리
허리 펴 돌아본 꽃밭, 이랑마다 제멋대로

살아온 흔적 따라 깊게 박힌 손금이듯
비뚤어진 'ㄹ' 받침에 찌그러진 동그라미
휘굽은 이승의 잔상, 어찌 그리 날 닮았나

지문같이 따라나선 글씨체가 부끄럽네
헝클어진 그림자에 대문을 활짝 열고
악필도 개성이라면 여유롭게 길 가려네

영등포역 냉이꽃

풀잎 죄 스러지고 상고대 피고 질 때
얼음 각질 털어내며 철로 옆에 떨고 섰네
팍팍한 인심을 딛고
오기로 핀 저 냉이꽃

전차가 몰고 오는 찬바람에 웅크리고
살 떨리는 풍찬노숙, 떠난 그의 일상이었나
열아홉 안전문 수리공
애 마른 은사죽음

떨켜마다 금이 가는 이 계절 영등포역
돋을볕 떠오를 때 길 밖의 길 알리는가
돌계단 밟고 오르는
구세군 타종 소리

화단의 바위취처럼

굳은 대지 녹이려고 비가 한 줌 뿌리던 날
아파트 화단마다 망울 맺혀 봉긋하네
울골질 추위 물리고 판타지아 예고한다

사월의 목련과 벚꽃 봄비 맞고 부산 떨다
따사로운 햇볕 받고 만 개 꽃등 내다 거네
그 화단 나지막한 곳에 용케 잠 깬 하얀 꽃

사람멀미 여의도만 꽃 탄성 터트릴까
온종일 음습하던 철로 변 쪽방촌에
봄 햇살 한껏 받고 핀 가난한 바위취꽃

소코뚜레

1.
황소고집 저 야성과 산 같은 저 몸피를
순순히 길들이는 작고도 커다란 손
똬리 튼 노간주나무, 천하장사 트레이너

2.
대입 난 취업난에 혈기로 저항하다
힘에 부쳐 굴복했나, 코 뚫어 피어싱하고
스스로 굴레를 쓰는 불쌍한 젊은 생들

3.
저 작은 한 바퀴에 맺혀 있는 무궁의 힘
고삐 풀린 망아지처럼 날뛰는 아들에게
나직이 나무라시던 어머님 그 말씀 같은,

아욱에 대한 명상

시장 골목 전전하며 자식 키운 아낙 같은
저 텃밭 변두리의 억척스러운 삶을 보라
굵히고 부푼 손가락, 하루해도 짧았네

아욱국 한 그릇에 눈시울이 붉어지고
잊혀가던 지난 한때 칼칼하게 살아난다
병상의 어머니 입맛 되살려준 그 된장국

뜯어내고 꺾어내도 굴치 않는 푸른 열정
기어이 묵정밭을 점령하는 저 혈기가
연분홍 꽃을 내건다, 승리의 깃발 다네

우짤꼬, 우리 강산

나라 밖 숨탄것들 몰려든 금수강산

도란도란 평화롭던 우리 땅 물속인데 수산청 닭대가리들 짧은 생각 초청으로 미국에서 일본에서 입국한 불한당들 배 채울 요량으로 들여온 입큰배스 달러 찾아 우리 병사 목숨 걸고 달려갔던 월남전 한창일 때 베트남 주방에서 최고급 재료라는 블루길 월남붕어 풀어놓고 반백 년에 이 땅 물속 난리 났네 넘쳐나는 식욕으로 물고기알 수서곤충 맘껏 먹고 배 채우는 넓적한 블루길과 그 큰 입 쩍 벌리고 아기붕어 각시붕어 남김없이 잡아먹고 일 만개 제 알 낳는 포식자 배스 횡포에 강이며 하천이며 깡그리 점령되고 남은 건 물속 폐허 넘어진 놈 밟아대나 뒤따라온 불한당들 뉴트리아 황소개구리 붉은 귀 거북까지 무너뜨린 이 강산을 어이할꼬 어이할까 물 밖인들 무사할까 밀입국한 돼지풀과 애기수영 가시박풀 욕심껏 씨 퍼트리고 토종 풀 질식시켜 초토화된 이 땅 풀밭 이것들 어떡하면 이 땅에서 몰아낼까 사람들아 나라님아 머리 좋은 관리들아 어쩔 거나 어쩔 거여 엉망진창 강과 들을

외국인 일손 절박한 농촌 생태 위태롭네

엄나무, 가시 갑옷 걸쳐 입고

텅 비어 숨결 끊긴 허리 굽은 초막 한 채
사립문 옆 구척장신 가시 갑옷 걸쳐 입고
귀신도 얼씬 못 하게 엄포 사뭇 놓고 있네

엄나무 찬 서슬에 묵은 잎새 떨어지고
먼 논두렁 산국 향기 아직 짙은 상강 무렵
돌아올 그 한랭장군 칼바람도 대비하네

다부진 저 수문장도 제 몸까지 죽이는지
펄펄 끓는 물에 잠겨 가진 것 죄 우린다네
늦은 밤 숨죽여 울던 야차 같은 내 아버지

빙어, 세상을 털다

고두밥 눈꽃 열매 영그는 엄동 호수
우주같이 신비로운 빙하 절경 유람하던
빙어가 코웃음 쳤다
부끄러운 내 한 갑자

옴파로스* 한가운데 드리운 침 한 챔질에
요지경 사바세상 끌려 나온 겨울 요정
빙어가 꼬리를 쳤다
흔들리는 내 세상

눈부신 박속 몸매 초고추장 침례 시켜
토끼, 거북 용궁 설화 취하려던 발우공양
빙어가 머리 털었다
천지에 핀 당단풍

* 그리스어로 우주의 배꼽을 의미한다.

반창고, 진실을 덮다

맥없이 무너진 몸 마룻바닥 들이박아
눈썹 위엔 빗금 가고 떨어지는 버얼건 피

때아닌 여름 거실에
붉은 단풍잎 쌓이네

살그머니 달라붙은 살구색 가림막이
찬바람 막아주고 아린 눈총 덮어주네

통증은 파발마 타고
손발 끝 다다르네

거죽에 난 환부쯤은 반창고로 감추지만
가슴 속 찢긴 상처 무엇으로 감싸줄까?

흉허물 덮어주시던
어머니의 따스한 품

무인도, 혹은 고립

빙 둘러 병풍을 친 겨울 산이 길을 막고
회색 구름 하늘 가득 집 처마를 눌러 덮네
끌고 온 산그리메가 길어지는 오후 한때

촉 낮은 알전등 켜고 반나절을 기다렸나
손전화도 울지 않는 외진 산막 이 무인도
긴 적막 고드름 되어 명치 끝을 겨냥하네

눈 속에 절로 갇힌 2월이야 안거 安居하고
봄 꿩 선뜻 잠이 깨는 3월쯤엔 길 트일까?
훈훈한 그대 목소리 어제인 듯 귀를 여네

부추꽃, 눈시울 붉다

뜯어내고 베어내서
밥상 위에 올려졌던
흙담 밑 정구지가 어느새 또 이리 컸네
배움터 첫발 여선생 드난살이 저렇던가

밤이슬 털다 털다
하얗게 질린 꽃잎에
어쩌자고 가랑비는 조곤조곤 내리는지
낯설은 한줄기 향에 콧시울이 매콤한 날

덜 영근 여린 얼굴에
겹쳐오는 시린 눈총
가슴 속 흐느낌이 환청으로 들릴 듯 해
그 꽃말 '무한한 슬픔', 부추꽃에 얼비치네

낙엽 타는 연기

어제 불던 고추바람
밤새도록 뒤흔들어
시달리다 옷을 벗고 신열 앓는 떡갈나무
처마 밑 내걸린 곶감 여위어가는 이 계절

피돌기 멈춰버린 가지 끝에 앙버티다
붉고 노란 혈색마저 누렇게 뜬 나뭇잎
저 앞산 부엉이 울음 부쩍 길어진 가을밤

낙엽 모아 불붙이면 파르르 오르는 연기
옷자락 타고 올라 눈자위를 자극하네
숲정이 가득 찬 내음
그 여인의 편지 생각

겨울 화분

꽁꽁 언 토양분을 제 품에 끌어안고
까무룩 묵상하는 잔설 덮인 질그릇 하나
된바람 풍찬노숙에
그나마도 길들었나

독기 서린 북쪽 기단 아직 저리 날 세워도
부식토 어둠 속에서 내일을 엮는 비비옥잠
그까짓 아픔쯤이야
찰나의 여정일 뿐,

성장통 잦을수록 그 향기 물씬 퍼지고
수은주 골 깊어지면 꽃의 시간 지척이네
때맞춰 속박 벗어나
솟아오를 한때라니!

선녀벌레*

봄부터 씨 뿌리고 정성 들인 울 안 꽃밭
여름 들어 작은 꽃들 다투어 피어났네
낙원이 여기도 있나, 온 마음 빼앗겼지

이른 더위 한창이던 유월의 끝자락에
밀가루 뒤집어쓴 백일홍과 분꽃 줄기
아뿔싸! 이름도 고운 그놈은 선녀벌레

꽃대궁에 송곳니 꽂은 참모습은 흰 흡혈귀
수액 빨린 아이들이 무릎 꿇고 쓰러졌네
눈부신 팜므파탈에 숨겨진 맹독 있지

*잎이나 줄기의 수액을 빨아먹고 사는 작은 해충

자물쇠, 그 깊은 속내

꽉 다문 입술 위에
번뜩이는 굳은 의지
옹골진 그 몸속엔 어떤 밀명 품고 있나
함부로 열 수도 없어 위엄마저 팽팽하네

스스로는 풀지도 못할
족쇄 찬 저 지킴이
큐피드 만나는 날 빗장 한 번 풀리는가
딸가닥! 수절을 열어 구릿빛 속내 보이리

헐거운 조임처럼
변절하는 세태라지
달구고 두드려서 불어넣은 치우*의 내공
묵묵히 지켜나가는 저 품새를 지켜보게

* 고구려 고분벽화의 대장장이 신.

품삯 420원

캐럴도 가뭇하고 냉기 도는 매듭달에
저 우체부 큰 가방엔 고지서만 그득그득
앞가슴 빨간 열매만 온기를 전해주네

스마트폰 자모음 눌러 쉽게 쓰는 문자 메시지
귀한 분께 보내기는 차마 얼굴 부끄럽지
눈밭 위 잉크꽃 피우듯 정성 다한 손 편지

톱니 세운 사각 우표 봉투 위에 붙여 보내
어둠 속 서성이는 애벌 아침 재촉할 때
그 품삯 사백이십 원, 해오름달 들깨운다

여의도 부나비

단오 지나 봄 가뭄에 저수지 바닥 난 날
난다 긴다 입씨름에 채널까지 돌려놓고
청동색 여의도 돔이
하루 종일 들썩이네

제 목 조일 밧줄 하나 동아줄로 보였는지
그걸 타다 몸 사르는 청문회장 부나비 떼
타버릴 다비식에도
'네 탓'으로 돌린다네

매달려서 우쭐대며 부인하던 검은 돈줄
새빨간 그 거짓말 하나둘 드러나네
줄줄이 끌려 나오는
남쪽 바다 저 멍게꽃

허파볶음 한 접시

고춧가루 범벅으로 벌겋게 달아올라
얼얼한 혓바닥엔 맛봉오리 성이 났나
한여름 찜질방 같은 저 수행이 눈물겹네

공사장 미세먼지 숨주머니 헐떡이다
허파볶음 한 접시에 속 달래던 IMF 때
밀린 삯 받고 나서야 흐르는 땀 닦았지

별의별 마스크가 판을 치는 좀비 세상
눈물 쏙 빼는 맛에 중동 감기* 범접할까?
느긋이 못 본 체하고 입맛 사뭇 달래네

* 중동호흡기증후군(MERS)

침대 요에 대한

하늘이 뻥 뚫렸나 하루 종일 내리는 비

손전화에 재난 문자 줄줄이 올라오네

원하던 고립 세상을 맞이하는 이 여름

햇빛 본 게 언제였나, 기억도 가뭇하고

애써서 낮잠 청해 느루 잡는 장마 칠월

침대 위 모시 깔개가 눈 흘기며 받아준다

쏟아붓는 빗줄기는 꾸지람의 죽비인가

하세월 감싸주던 담요같이 포근한 이가

"오늘은 파전이 제격", 막걸리 상 차려오네

치약, 어제를 닦다

늦잠 깬 휴일 아침 눈가 아직 침침할 때
양칫물 냉수 한 컵이 죽비 되어 몸 깨우네
오늘도 깨끗한 말씀
채비하는 미백크림

위, 아랫니 법랑질에 칫솔모 재주 빌려
성문 앞 지키는 목책 하나하나 점검하네
한 방울 곱게 펴 발라
드리우는 불소 장막

올곧게 뱉지 못해 입과 혀끝 절어있던
비겁한 말 씻어내는 치약 향 화한 그 맛
찌들은 어제를 닦네
또 하루를 준비한다

햇귀 한줌, 갈파끈 되다
단오무렵

제3부

봄 아침, 퇴근 버스 안에서

낱 뿌리는 이슬비에 올라탄 혼잡 버스

부대끼는 어깨 따라 지난밤 꿈 전해오네

곤달비 애기순 같은 비닐우산 어룽이는 차창

앉아 있는 사람들은 어리마리 눈을 감고

더러는 습관처럼 스마트폰 서핑하네

일구덕 들어서기 전 추스름이 애젖하다

출근 인파 뒤 섞여서 밤새우고 퇴근하듯

시작과 끝 맞물려서 온새미로 돌아가네

열구름 저만치 가면 왈칵 쏟아질 햇귀 한 줌

부엉골

조개껍질 산이 되고
속살처럼 앉은 마을

아홉 고개 뒤질세라
지천구곡 감아 도네

고두기
부엉이 울음
숨 멈추는 풀벌레

분꽃 사리

지난 봄 씨앗 뿌린 건물 위 하늘 꽃밭
성긴 잡초 뚫고 나와 여린 손 꼬물대네
높이 뜬 구름 한 자락 언제든 제 것인 양,

올여름 긴 긴 폭염, 지상이 연옥일 때
타는 입술 침 마르고 숨비소리 절로 났지
한 평 반 염화 속에서 제 몸 이긴 묵언수행

실비 한 줌 죽비 맞고 저녁 한때 환해졌나
쥐눈 같은 몸속 사리 털어놓는 저 수도승
그 언제 내일을 열까, 영근 분꽃 씨받이 하네

브이 알*, 오감을 깨우다

디지털 올라타고 경쾌해진 사람살이
아득하게 더듬던 일 하나둘 이뤄지네
대관령 말똥가리 되어
날아보는 평창 하늘

눈과 귀 흠뻑 홀려 빠져든 사이버 공간
뿌리 없는 나무에서 꽃 피고 새가 우네
판타지 용궁의 화원
유영하는 툭눈금붕어

오감을 죄다 깨워 몰입하는 환상 저쪽
수의 한 벌 입고 떠난 울 어머니 곧 뵙겠네
복받쳐 세배드리면
생시인 듯 웃으실까

* VR(Virtual Reality) : 가상현실

서울행 곤줄박이

잘난 이 하도 많아
살붙이기 뻑뻑하네

여름 끝에 죽지 접은
외톨박이 곤줄박이

언젠가
다시 날 때쯤
산바람도 타겠지

춘천행 고속도로
바퀴 소리 은은하다

헐거워진 환청일까
어깨 한 번 추스르고

다잡은
속내 챙기며
서울행 채비하네

흰독말풀*에 대한 명상

새하얀 저 꽃 안엔 수행 보살 살고 있나
콘크리트 깨진 골목 틈 비집고 어깨 올려
법구경 전하려는 듯
나팔 화관 치켜든다

낮은 곳 저 생 어디 모반의 낌새 있다던가
가시 철퇴 무장하고 맹독까지 품고 있어
악마의 누명을 쓰고
묵언 해탈 터 닦았지

팜므파탈 그 유혹에 발 뺀 이 몇이나 될까
이제는 목탁 들고 길을 트는 한 탁발승
해거름 독경 소리에
저녁놀이 덧칠한다

* 인도 원산, 종자와 잎에 맹독이 있으며 만다라화 또는 악마의 나팔이라 불린다.

툇마루, 게으름 반나절

장맛비 쏟아지는
한여름 툇마루에
물 끓여 앞에 놓고 느루 보는 솔수평이
빗소리 찻잔 안에서 공명하여 퍼진다

섬돌 위 번져가는 반나절 게으름에
빗방울 튀어들어 돌아눕는 신발 한 켤레
마을 밖 떠도는 소문
아무런 생각 없네

비 그치고 달 오르면 눈 맑은 풀벌레들
저마다 몸 연주로 헐거운 뜰 채우겠지
추녀 끝 맺힌 차향은
길 나섬을 주저하네

아파트 화단 산딸나무

갈맷빛 짙어 가는 아파트 유월 화단에
남실바람 슬금슬금 불어오는 휴일 한낮
저 꽃잎 흰나비처럼
어서 오라 사운댄다

빈 울타리 타고 넘던 덩굴장미 깃발 세우고
메숲진 산 그림자 개울물에 젖어 들 때
땀 밴 몸 그늘에 들어
갈 길을 어림했지

산솔새 목 축이고 부르는 찬송가에
십자가 꽃 통성기도 환청인 듯 들려오네
골고다 지고 오르던
죄사함의 그 나무

청양 오일장

칠갑산 감아 도는 지천이 젖줄 되어
맑은 바람 푸른 볕이 벌판에 맺히는 곳
여기유! 청양 사람들
푸드마켓 오일장

하꼬방 머리 맞대 여름 햇살 막아주고
채소전 어물전이 마주 보며 길이 됐네
사세유! 반나절 외침에
배가 부른 돈주머니

한 움큼 푸성귀를 발 앞에 펼쳐 놓고
푼돈 몇 잎 기다리며 느루 잡는 저 할매들
잘 있쥬? 마을 어르신
안녕을 서로 묻네

콩잎에 단풍 들 때

폭염에 짓눌려서 흙바람도 숨죽이던
저 앞뜰 시월 콩밭에 무서리가 털석 앉네
서풍은 흥얼거리며 무젖은 적삼 말린다

강마른 땅을 파던 호미 소리 배인 고랑
부르튼 손 아린 통증 곤고한 기억만큼
수탉 목 아랫볏처럼 축 늘어진 꼬투리

품은 콩알 뒷바라지에 피가 말라 물 든 콩잎
내장산 단풍보다 엄마 닮아 더 고와라
주름진 그녀 손잡고 울고 싶은 이 가을

멀리 있는 집

인적 언제 끊겼는지 부뚜막은 주저앉고
서까래 썩는 냄새 지난날을 말해 준다
무너진 죽담 안으로 들어서는 매운바람

성에 낀 창문 유리 한 뼘쯤 닦아 놓고
앞산 덮은 눈의 내력 느낌으로 듣는 아침
뒤란엔 납작 엎드린 막사발이 잠을 깬다

치열한 수싸움에 덜미 잡혀 밀려난 길
허리 굽은 이 폐가에 해묵은 신문을 깔고
성마른 오늘을 앉혀 남은 시간 느루 잡네

환삼덩굴

떡잎부터 알아본다는 그 편견도 모르는 척
잠시도 쉬지 않고 제 길 걷는 가시덩굴
촘촘히 퍼즐 맞추듯
채워가는 자갈밭

불볕더위 허덕이며 절로 생긴 욕심대로
텃밭 그늘 넘보다가 낫질에 잘린 촉수
아픔을 오기로 참고
당차게 뻗어가네

겁박하고 짓밟아도 지지 않는 민초의 꽃
촛불은 광장에 모여 여름밤을 밝혀주네
하나둘 쐐기풀 되어
불통 거리 뒤덮는다

낡은 복사기, 혀를 차다

불 꺼진 사무실에 가부좌로 합장하고
바쁜 일상 묶어둔 채 묵언수행 드는 이 밤
창문 밖 장맛비 소리 지난날을 훑고 가네

바위처럼 살던 참에 궁색한 말이 기가 막혀
혀끝 절로 끌끌 차네, 싹수 노란 청문회장
본대로 있는 대로만 아뢰짓는 저 고집

쿰쿰한 입씨름이 참이 되는 요즈음에
어림짐작 고개 끄덕여 맞장구를 칠순 없지
외골수 낡은 복사기 세상을 비웃고 있어

부추꽃 피는 계절

여름날 그곳에는 지붕 낮은 집집마다
터앞에는 부추들이 어기차게 자라났네
성마른 송정 바다가 쌩이질하는 남쪽 마을

오늘처럼 거먹구름 몰려드는 아침 무렵
죽담 밑 우북하게 고개 쳐든 푸른 반골
쳐내도 아우성치며 시퍼렇게 일어서는,

강마른 흙 속에도 빗물 족히 스며들면
꽃대마다 까치발로 흰 꽃등 내다 거네
칠월의 습한 골목이 그늘마저 환한 오후

장맛비 사위어서 는개비로 오는 저녁
낮게 깔린 마늘 향기 해미처럼 채워지네
소찬에 꽁보리 밥상, 어머니 손끝 내음

진경산수, 오서산 억새

서쪽 바다 톺아보며 버티고 선 바위산에
졸가리 하나둘씩 늘어 가는 미틈달
고라니 외마디 울음
치를 떠는 솔가지

까마귀 보금자리 오서산 양지 새밭에
풀이 죽은 푸른 결기, 사운대는 저 억새가
엊그제 비거스렁이로 한껏 머리 조아리네

흰 꽃 배경 까막새는
붓끝으로 찍은 먹물
온새미로 얼비치는 순간의 진경산수에
나그네 발길 멈추고 낙관이 된 붉은 점

자주닭개비*

후끈 달은 화분 속에 한 포기 양달개비
온몸으로 햇살 받고 말복을 나고 있다
그 꽃말 '외로운 추억'
애써 가을 떠올리네

아침에 핀 자주색 꽃 혀 빼문 듯 비장해도
한나절 버티다가 스러지는 꽃잎 세 장
괜찮다, 내일 동트면
기필코 다시 필걸

소금쩍 걸쳐 입고 버티는 게 저뿐이랴
이 여름 산다는 건 숨탄것들 고행이지
캐디의 챙 넓은 모자
땀이 맺힌 목덜미

* 북아메리카 원산 귀화 식물.

수락산 마당바위

덕릉고개 넘어가서 개울 건너 걷다 보면
풀숲에 묻혀있는 고단한 등치 볼 수 있네
야위어 수척한 몰골, 수락산을 지켜 왔다

찌든 생활 잠시 떠나 홀가분한 시월 오후
건들마 건듯 일어 길가 풀잎 쓸고 갈 때
옛 바위 잔등에 올라 산허리를 안아 본다

젊은 날 걸터앉던 무쇠 같은 그 장골에
담쟁이 손 드문드문, 닭의장풀 달려든다
사십 년 지나온 사이 검버섯도 돋았는지?

배추꼬갱이

싸라기눈 흩날리는
늦가을 칼 추위에

된비알 발을 묻고
감로수를 길어 대나

겹겹이
치마 두르고
행상 나서던 울 엄니

지난 계절 숙성해서
간직한 그 여린 잎

어려서 세상 등진
내 막내 누이 같은,

꼬갱이
저녁상 올라
눈자위를 붉히네

단오 무렵*

산수유꽃 다 지고 난 유월도 단오 무렵
산동면* 들판에는 보리누름 한창이네
저 산꿩 외마디 소리에 일렁이는 황금물결

갈마바람 해찰하는 황토마루 한나절 길
햇귀 아직 뒷짐 지고 5월 한때 서성이나
새초롬 하늘나리가 염주알만 세고 있네

밟아도 되살아나는 풋것들의 환한 웃음
해동갑 바쁜 일손에 허기마저 거드는지
두툼한 어머니 손이 차려내는 햇 보리밥

* 전라남도 구례군의 지명

가을 민들레

바람 밭 성근 틈새 용케 찾아 비집고 앉아
물소리에 잠 못 드는 개울가 꽃대 하나
어기찬 앉은뱅이 꽃
가슴골만 깊어 간다

밤새도록 몸살 앓다 동살 잡힌 푸새 둔덕
꽃잎 하마 간데없고 하얀 갓털 풀풀 일어
젖주럽 마른 살붙이
불시착을 걱정할 뿐,

거먹구름 하늘 보며 비손하는 움집 할매
아들과 딸 도시 보낸 속내 아린 지난날들
휘우듬 민들레 대궁
숨비소리 절로나네

물김 한 줌

고추바람 거센 바다에 빼곡히 죽창 세우고
기어코 몰아내어 훈풍 맞는 삼별초 섬
품 안에 검은 융단을 한껏 펼친 남도의 봄

거므스름 살집 보면 콧날이 시큰하네
겨우내 부대끼며 온통 멍이 저리 들고
바람 앞 허풍선이처럼 물결 따라 흐느적,

전설 담은 저 물김은
해토머리 블랙박스

건진 한 줌 발에 펼쳐
돌담 밑에 세워두면

감장색
스크린 되어
물속 영상 풀어낸다

햇귀 한 줌, 갈피끈 되다
달려라, 라이더여

제4부

월요일, 영등포역

살아갈 일 걱정으로 밤 지샌 몸 천근만근
역 앞을 지나다가 수녀님 마주쳐서
죄 사함 받은 것 같아
출근길 사뿐했네

바쁜 일상 궁리하며 역 모퉁이 돌아가다
볼우물 곱게 패인 비구니 마주쳐서
눈 보시 받은 것 같아
퇴근길 넉넉하네

사람들 들락날락 발품으로 날 저물고
사방팔방 뻗어 놓은 영등포역 길목에서
수시로 튕겨 나갔다
되돌아오는 ႙ ႙ 살이

ESC*

별천지 모니터에 모든 신경 다 빠졌네
마우스의 클릭으로 온 세상 주유하다
불현듯 발길을 바꿔 벗어나는 신기루

어릴 땐 사이버 세상 상상이나 하였으리
오대양 육대주를 몽땅 묶은 콘텐츠에
내 손끝 움직임 따라 한 우주가 뜨고 지네

부질없이 살아온 것 늦게나마 아쉬워라
끝까지 헤매다가 어두운 문 앞에 서서
좌판 위 이스케이프 슬며시 눌러 본다

* Escape : 벗어나다

고층 아파트, 에어컨 실외기

1.
세찬 바람 몰아치는 높은 건물 저 등짝에
집게발 웅크리고 동면하는 말똥게들
싸늘한 게딱지마다 얼음 비늘 돋아난다

2.
벼랑 높이 달라붙어 버둥대는 저 생 좀 봐
뱃속이 뱅뱅 돌아 정신 줄 놓은 건지
삼켰던 겨울 찬바람 꾸역꾸역 토해낸다

설날 아침 밥상

시금치와 고사리가 한 접시에 태극 만들고
낮달 된 두부부침 젓가락질 재촉한다
명절날 아침 밥상은 기름진 밭 한 떼기

다산 기원 명태포와 으뜸 생선 참조기가
좌우로 터를 잡고 기 겨루던 설 차례상
대치 푼 음복 술상에 손 맞잡은 동서해

하늘과 땅 대표하는 육고기에 하얀 쌀밥
사과 배 유과까지 잘 차려진 조상님 전
향 끄면 입이 살찌는 산 사람의 진미 한상

대지에 서다

작업화 끈 질끈 매고 다시 선 반도 남쪽
땀범벅 일개미로 앙버텨온 칠십 년에
눈칫밥 천덕꾸러기
부국 반열 올라섰네

이 땅에서 태어난 기발한 콘텐츠들
번뜩이는 상상력에 입 쩍 벌린 세상 사람
먼 훗날 꿈같은 이야기
현실로 꽃 피웠다

난관도 시행착오도 격파하고 나아갈 뿐
목표 고지 정해지면 거침없이 달려야지
저 빈손 대지에 서다
두 주먹 불끈 쥐ㄱ

페트병 쌓인 뒤란

백악기 고통 딛고 고이 잠든 검은 육신
제멋대로 깨워내고 욕심대로 길들이네
불 단련 딛고 일어선 맵시 있는 두 번째 삶

수거를 거부당한 플라스틱 쌓인 뒤란
소금 같은 우박까지 뿌려대며 구박하네
혀끝을 달래주려고 감로수 품던 우물

우화등선 고대하는 어리석은 저 페트병
재삼 취업 내 욕심을 화들짝 일깨우네
부활도 한 번이 적당, 내려놓는 천년 걱정

이런 벗 있었으면

부시시 눈을 뜨는 허기진 휴일 아침
뜨락은 적적하고 검둥이 꼬리 칠 때
불현듯 보고파지는 그런 친구 그리운 날

잃을 것 없는 인생 욕심도 없다마는
가을비 슬금슬금 댓돌을 적시는 날
향긋한 국화차 들고 날 찾는 벗 있었으면

하루가 주섬주섬 떠날 채비 하는 저녁
가슴이 헐거울 때 술병 들고 날 찾는 이
묘명杳冥*에 묻힐지라도 잊지 못할 그런 벗

*杳冥(묘명): 아득하게 어둡고 깊음.

타워크레인, 밤 지새우다

철 지게 짊어지고 무덤덤히 일어서서
아침 햇살 퍼 올리는 천하 강골 저 키다리
온종일 긴 팔 벌리고 제 일감 어림하네

휘휘 젓는 손짓 따라 쌓여 가는 땀의 열매
쓸리고 긁힌 하늘에 붉은 노을 번져갈 때
울 넘어 뜸 든 이팝나무, 눈요기조차 허기지네

낮게 자란 피붙이들 불 밝히는 저녁 밥상
잠 못 든 아비인 듯 밤 지새는 타워크레인
별무리, 녹슨 가슴에 훈장처럼 매달리네

춘양 시장 미인다방

억지 춘양 양반 골에 열리는 오일장날
풋것들 늘어놓은 야트막한 지붕 사이
용케도 고려장 피한
문갑 같은 다방 하나

담묵색 다탁茶卓 위에 조화 장미 놓여있고
저곳 어디 앉아 있을 눈빛 고운 젊은 마담
사내들 곳간 결계를 오늘도 쉬 풀겠지

얼마나 미인일까, 물음표는 웃자라도
마른침을 굳이 삼켜 문을 열기 사양한다
천하의 절색이라도
인연이 아니기에,

CCTV 영상 속으로

유난했던 폭염 끝에 퍼붓는 장대비가
왜바람 흠씬 맞고 격자무늬 그려놓네
백남준 비디오아트도 연출할 수 없는 경이

오달지게 지켜보는 부엉이 눈 시시티브이
터럭 끝 흔들림도 쫏쫏이 감시하네
익명의 꺼림칙한 눈, 매만지는 옷매무새

우련한 기억까지 찍어 담은 곳간에서
지난 영상 불러내어 차분하게 들춰보네
화면 속 어디쯤엔가 남아 있을 어머니 모습

뚫어뻥

유난히도 매운 추위에 기름값도 껑충 뛰어
나들이 포기하고 겹옷 입고 버티는 겨울
꽉 막힌 나라 살림에 내 살림도 팍팍하다

눈마저 길을 막은 삭막한 산촌에서
글귀와 씨름하며 먹고 자고 며칠이던가
굳은 변 물길을 막아 쩔쩔매는 양변기

고무입에 공기 잔뜩 머금은 뚫어뻥이
두어 번 내뿜어서 시원하게 뚫어주네
답답한 경제와 눈길도 내친김에 뻥! 뚫지

달려라, 라이더여

퇴근길 몰려나온 차폭등 앞지르며
배달 음식 주문 따라 정체 도로 누비는 밤
내뱉는 소음기 굉음
한 끼 저녁 재촉하네

건들바람 들어섰다 나갈 길 가늠 없는
저 벌판 여백마다 아파트로 만든 미로
촘촘히 들어선 불빛
한 뼘 어둠 허락 않네

강남대로 테헤란로 촌각 다퉈 넘나들며
저승길 예약하고 뛰어든 호구지책
이륜차 단기필마로
내달리는 저 라이더

다리 없는 의자

동살 하마 스며드는 중앙차선 한 가운데
신호등 빨간색이 철수레 고삐 잡네
파란색 전용 차선에 갇혀버린 버스 정류장

잔정조차 붙지 않을 투박한 아낙같이
머물다 갈 길손들을 무심하게 기다리네
시커먼 아스팔트강에 오롯이 자리한 섬

들고 나는 사람들로 쾌분잡한 승강장 안
유리벽에 달라붙은 다리 없는 검은 의자
전광판 제어에 멈춘 두 다리가 쉬고 있네

밤새도록 뒤척이며 토막잠 잔 곤한 몸을
4인용 엉덩받이 주저 없이 품어주네
선잠 깬 손주 달래는 할머니 앙상한 품

연필밥

불 깡통 뱅뱅 돌려 달에 쏘던 어린 시절
어둠에 뒤질세라 꽁보리밥 차려놓고
안테나 문밖에 세운 아들바라기 울 엄니

새끼들 큰 키만큼 살집이 깎여 가도
불 꺼진 건넌방의 코골음 듣고 웃네
새도록 두런거림이 버짐처럼 번지는 밤

'공부는 때가 있다' 한사코 우기시던
어머니의 그 말씀을 환청인 듯 다시 듣네
연필밥 쌓이는 만큼 명징해지는 먹빛처럼,

닭벼슬 깜냥에

비상식 위세 떠는 아파트 울타리 안
남발하는 지적질에 마주치기 저어하네
입찬말 업시름에도
숨죽이는 고두기들

비럭질도 아니건만 볼 때마다 족대겨서
피 마르는 눈치 보기 드난살이 하루하루
지하실 무지렁이가
고대하는 볕뉘 한 점

동 대표 감사 이사 완장 차고 우쭐댄다
한 뼘 치 닭발보다 쓸모없는 닭벼슬이
그것도 벼슬이라고
꼬꼬대 갑질하네

두루마리 휴지

별빛이 스며들던 머리채는 벗겨지고
으스러진 뼈와 살점 짜맞춰서 감긴 뒷 생
삼켰던 숲속의 전설
풀어 놓는 두루마리

곧추선 벼름박에 손톱 박고 매달린 넌
내 삶의 길이만큼 팽그르르 몸을 풀고
툭! 잘린 한 뼘 속살로
달그림자 지운다

그나마 튼실하던 살집이 벗겨지고
깡마른 토막으로 뱅뱅 도는 빈 얼레는
살 발라 자식 키우신
내 어머니 손목뼈

고맙다, 가을에 핀 꽃

푸른빛 바래지고 단풍마저 사윈 등성이
그 누구의 은총인가, 향기 짙은 노란 산국
봄여름 다 지나고 펴서 이 계절이 환하다

올망졸망 꽃송아리 곱은 손 호호 불며
매듭달 하마 올까, 서두르는 울력다짐
메아리 숨기 딱 좋은 억새만 가득한 산

또 한 해의 뒤꼍에서 들국화가 풀어 놓는
들큼한 이 젖냄새, 먼 길 가신 엄니 생각
고맙다, 미틈달의 꽃 잠든 낭만 깨워줘서

강남 갈겨니*

큰물에서 힘 겨루며 큰 사람 되겠다고
서울 땅 강남거리 들어선 딸깍발이
힘차고 멋진 자태들
입이 쩍 벌어지네

뼈대 있는 집안이다, 혼인색 둘러 뽐내도
피앙세 눈길 없고 피라미만 몰려든다
비싼 곳 모여 산다고
죄 잉어는 아니라네

눈이 큰 저 갈겨니 너덜겅에 둥지 틀고
촉 낮은 백열등에 시린 밤 지새지만
기어코 이 골목 나서
황금 종 울리리라

* 잉어과의 어종이나 크기가 작아 피라미와 혼동하기 쉽다.

길라잡이 내비게이션

짙은 안개 앞을 가려 우련해진 어둑새벽
나아가기 저어해서 한발 두발 주춤댈 때
상냥한 목소리 하나 자신감 북돋우네

물에 잠긴 노둣길처럼 두려움이 앞서는 길
옴파로스* 한가운데 촛불을 든 엘프인가
화살표 이끄는 대로 핸들 돌려 달려간다

한 치 앞도 알 수 없는 치열한 취업 험로
한 끼의 컵밥으로 출발을 준비하네
가슴 속 내비게이션 스위치는 'ON'으로

---

* 우주의 배꼽. 즉, 세상의 중심을 뜻한다.

지하주차장

우뚝 선 저 빌딩은 기골 사뭇 장대하네

비단옷 치장으로 제 몸 한껏 뽐내지만

그 발밑 지하주차장엔 너나없는 드난살이

삼신할미 점지 덕에 금숟가락 챙기는지

망나니 그 성깔에 속내 모두 접어 두고

무지한 갑질을 좇는 땅속의 시지프스여

막장에 햇귀 들 듯 전등 불빛 휘황하고

사방팔방 뻗은 배관, 전선으로 거미줄 쳤나

흑거미 눈독 들이며 거한 성찬 꿈꾸고 있네

가을 장터

그을은 얼굴들이 살 비비고 들어서면
주고받는 이바구로 사태 지는 오일장터
한줄기 건들바람이 곁눈질로 해찰하는,

점방을 둘러 세운 한 뼘짜리 노점에도
한 땀 한 땀 수를 놓듯 얼개 짜진 햇것 마당
늦잠 깬 새털구름이 저자 구경 서두르네

난전 골목 끄트머리 보따리 판 펼쳐 놨나
해그림자 길어질수록 주름 깊은 어머니 손
한 움큼 가을볕 잡고 오늘 하루 흥정하네

햇귀 한 줌, 갈피끈 되다
샤브샤브 냄비

제5부

정리 해고
- 냉동실을 정리하다가 -

가득 찬 봄볕에도 냉장고 속 겨울 한창
춘하추동 변함없이 묶은 결박 못 푼다고
에너지 잔뜩 빨아먹고
북극 냉기 토해내네

맨 위 칸에 웅크리고 영혼 뺏긴 먹거리들
두어 식구 살겠다고 무얼 많이 채웠는지
얼은 살 서로 맞대고
어빡자빡 쌓인 곳간

욕심껏 쟁여 놓은 냉동 뒤주 비워내듯
반겨 맞던 일구덕도 가성비 떨어진 손
단 한 치 망설임 없이
솎아내서 해고하네

반 꼬집, 후춧가루

검붉은 작은 열매 말려서 곱게 갈면
매콤한 향기로움 스멀스멀 번지는 부엌
소금과 어깨 견주며 저녁 식탁 다스리네

아롱사태 도가니살 발라낸 다리뼈를
2박 3일 다비식으로 푹 고은 진한 사골
반 꼬집 후춧가루로 끌어올린 천하 풍미

이 맛이 십자군을 전쟁터로 불러냈다지
잇속 따라 들고나는 사람들 틈 스며들어
나도 저 향신료처럼 사는 품격 높여볼까

통일옥에서

웃비가 행짜 부려 사람멀미 끝이 날까
남대문 빗장 건 듯 시장통이 왁자하네
차양 쓴 먹자골목에 똬리 튼 보신탕집

가운 걸친 손님들은 배받이살 앞에 놓고
더위와 한판 승부, 눈빛마저 결연하네
메스 든 집도의처럼 높이 드는 쇠젓가락

이념 전쟁 폐허 딛고 다시 세운 그 '통일옥'
이열치열 처방받은 투가리 탕 한 그릇에
단고기 망향의 한때
초복달임 한창이네

페트병 바람개비

빈 페트병 세 귀퉁이 살점 오려 날개 달고
우산살 꿰뚫어서 돌고 도는 바람개비
바람의 길목에 서서 재생의 길을 튼다

되살려준 생이라고 방정 떠는 풍각쟁이
엉겁결에 덜미 잡힌 겨울바람 몸에 감고
드디어 끌어낸 세월
개나리 하마 핀다

한 살이 즐겼으면 제 할 일 다 했건만
얼마만큼 더 살려고 일상 앞에 다시 설까
부활도 서슴지 않는 한 성자가 다시 돈다

샤브샤브 냄비

푸성귀와 갯것들이
살 비비며 들어선 곳

차곡차곡 쌓은 맛을
울력다짐 풀어내네

빈민도
고사리손도
자선냄비 꽃 피우듯,

소파에 유령이 산다

장맛비 그침 없고 어둠은 촘촘한데
낮게 깔린 소문들은 지루함을 더해준다
TV는 더위 먹었나
되는대로 주절주절

불안감 더욱 차고 쨍한 햇볕 가뭇하네
전기 잔뜩 빨아먹고 핸드폰은 직무 유기
날마다 재난문자만
꾸역꾸역 토해낸다

기절낙지 한 마리가 누워있는 거실 한쪽
잔소리 종일 하다 관심마저 떠난 지금
소파에 유령이 산다
있는데도 안 본다

자판기 커피, 그 한 잔에

늦가을 초저녁에 뽑아 올린 갈색 수액
입동 추위 밀쳐내고 코끝에서 향이 이네
옹색한 미간 풀리고 혀끝으로 오는 여유

우리 전에 깍지 끼고 호호 불던 입김이듯
가벼운 이 한 잔이 날 선 생각 녹여주나
일회용 종이컵 속에 맴을 도는 물안개

한 모금 두 모금에 샘물이라 안 마를까
깃털 남은 빈 둥지에 웃자라는 적막이여
캄캄한 아이들 방에 환한 등불 밝혀야지

엄나무 장아찌

엄나무 가지마다 연록의 색 살아나고

작은 새 먼 길 와서 연못 위를 낮게 나네

풍성한 봄의 먹거리 밤새 쑥쑥 자라는 오월

반나절 새순 따서 소쿠리가 가득 찼네

초장 찍은 봄나물에 입안 가득 침 고이는

향 짙은 환상의 별미를 이때밖에 못 본다니,

소금물 팔팔 끓여 살짝 데친 개두릅을

간장물로 두 번 죽여 가둬놓은 쌉쌀한 맛

오늘을 장아찌처럼 담아둘 수 있다면,

잃어버린 양말 한 짝

애당초 코핀*으로 짝을 맺은 가시버시
볼 서로 비비면서 애면글면 살아왔지
된바람 송곳 추위에도
훈훈하던 단칸방

헤어졌다 만나기가 일상인 듯 반복돼도
쿰쿰한 땀 냄새가 애옥살이 증표였어
한 켤레 목양말처럼
끌어안고 지낸 겨울밤

어쩌다 이 살가운 한 짝을 잃었는가
같이 해서 무심했던 네 고마움 이제 알겠네
떠난 이 되돌아올까
애 마르게 기다리다

* 한 켤레를 고정해 주는 양말 끝의 알루미늄 금속.

부활하라, 드론

피천 주고 분양받은 전자 제품 작은 별새
생무지 조종으로 들이받고 추락했네
너와 난 보이지 않는 끈에 묶인 사시랑이

해거름 제왕산에 웃날 들고 눈길 모일 때
울대 세워 윙윙대며 우화등선 채비하네
평화의 메시지 품고 퍼덕이는 불꽃 염원

겨울밤 꿈속에서
날아오른 개똥벌레

일천여 개 무리 지어
오륜기 그려놓네

누벼라!
자오선 넘어
오대양 육대주를

양미리구이

깔아 놓은 그물코에 뾰족 머리 처박아서
가을빛 몸에 받고 끌려 나온 사바세상
석쇠 위 소금 죽비로 바다 향을 피운다

꼬숩게 익는 내음 설악산에 들어차서
나뭇잎에 스며들면 내 코는 너를 찾고
산행은 어느새 뒷전
탁배기에 단풍 한 점

날렵하게 물 가르며 유희하던 양미리여
너보다 몸은 크나 바닷속을 모르는 난
잘 구운 너를 씹어서 동해의 전설 듣겠다

소변기, 파리 스티커

이내 낀 잠실벌의 쾌분잡한 뒷간에서
흰색 가운 걸쳐 입고 깔끔 떠는 요강담살이
젊음의 에너지 받아 무리져 핀 이팝나무꽃

땀 젖는 잔디 구장 심판 목청 높여 갈 때
날개 짙은 곤충 하나 빠른 직구 싸인 내네
마스크 뒤집어쓰고
손 비비는 베엘제붑*

외욕질 참아가며 두 겹눈 질끈 감고
지지랑물 공격에도 날지 않는 저 똥파리
쾨쾨한 오줌발 받아
건강검진 시행하네

*파리 대왕, 또는 파리들의 지배자.

무채를 썰며

살찐 배추 절여 놓고 양념 속 만드는 날
새우젓 고춧가루가 찹쌀죽에 뒤엉키네
두 손은 세마치장단, 창밖 눈은 자진모리

한 계절 숙성되어 감칠맛을 머금은 무
겨울 추위 아랑곳없이 갈가리 난도질 되나
차디찬 고추 양념 속에 가쁘게 몸 숨기네

살아갈 일 캄캄해서 잠 못 드는 한 해 뒤끝
단번에 쳐 내리는 저 칼잡이 솜씨 보소
신들린 채칼이 되어 머흔 한때 썰어볼까

야구선수 오지환 허벅지

빙 둘러선 간판들이
불어대는 팡파르에

방망이 움켜쥐고
우뚝 선 저 검투사

저녁답 콜로세움에
조명탑이 잠을 깨네

혼신으로 내던지고 후려치는 역동의 힘
백팔 번 꿰맨 공이 장내 함성 조율하네
실밥에 스치는 바람
풀려나는 온갖 번뇌

삼복더위 하늘 덮은 열대야 잔디밭에
흘린 땀 흩뿌려져 소금꽃 곱게 피네
오지환 허벅지 근육
용틀임하는 잠실벌

눈 내리는 빙판에서

빙판 칠 벗겨졌나, 덧칠하는 싸라기눈
싸락싸락 내려긋고 올려 긋는 저 손놀림
깐깐한 붓질 소리에 해는 슬며시 눈감네

치밀하게 얼게 맞춰 잘 뽑아낸 전지 한 장
펼침도 정갈하여 점찍기도 주저할 때
저런 저 참새 떼 좀 봐
발 도장 꾹꾹 찍네

갈대숲에 검불 쓰고 숨 고르던 봄기운이
날이 선 입씨름에 잠을 털고 일어서네
얼었던 마음과 함께 녹아버릴 저 화살표

단칸방 콩꼬투리

저 앞산 숨탄것들 겨울 준비 아직인데
늦마 뒤 수은주 눈금 웅크리고 주저앉네
떨켜를 막고 버티는 늦가을 먹감나무

산그림자 벗어지는 산촌 아침 비알밭에
물기 마른 콩대 잡고 앙버티는 쥐눈이콩
얼비친 한 줌 햇귀가 곱은 손 녹여준다

까만 눈빛 반짝이는 단칸방 형제들이
가슴에 꿈을 품고 길 떠날 채비 하네
저 멀리 떠나보내려 한껏 비튼 꼬투리

노량진 겨울 냉이

뱃속 종일 헐거워도 저 여린 얼굴마다
머리띠 질끈 묶고 자양분 쌓아가네
혹독한 시련 지나면
봄날은 꼭 오리라

땅 빛깔 바랜 섣달 노량진 골목 어귀
엔진 소리 가뭇하고 전등불 꺼져갈 때
영글던 젊은 피돌기
어혈 들어 움츠렸지

검붉은 낯빛으로 언 땅 밑에 뿌리 뻗은
겨울 들녘 냉이 같은 컵밥거리 저 미생들
기어코 해토머리에
하얀 꽃을 피운다

말리 재스민*

남십자성 별빛 아래
스릇 감던 초롱한 눈
"딸라가?"** 반문하며 깃털로나 날아왔나
순백의 꽃말을 달고 뿌리 내린 말리꽃

낯선 땅 된바람에
명치 사뭇 아려 오고
귀에 밴 어린 탯말로 엮어 보는 파아란 꿈
아련한 코리안드림, 일렁이는 실루엣

동아시아 끄트머리
고집스런 이 반도에
아기 울음 일 적마다 블랙스완 깃을 터나
면면한 무궁화밭에 그예 뿌린 재스민 향

* 필리핀 국화 '삼파귀타'의 다른 이름. 꽃말은 '사랑의 고백'.
** '진짜로?'라는 뜻의 필리핀 따갈록어.

고양이가 물고 가던

거친 파도 헤치다가 멍이 들어 등이 푸른
고등어 구급차 타고 태백준령 넘어왔나
퇴근길 개다리소반이 절로 침샘 자극한다

연탄불에 굽는 냄새 부엌에서 번져오면
살점 발라 쌀밥 위에 올려주던 엄니 생각
고양이 머리만 달린 가시 물고 달아나는,

노릇노릇 구운 생선 허겁지겁 먹던 저녁에
목에 걸린 잔가시가 멈춰 세운 젓가락질
살 속에 빗살무늬로
심어둔 과속경보

겨울나무, 보일러 품다

사정없이 몰아치는 독기 서린 일월 한파
물줄기 옭아매고 냉기 속에 가둬놓네
까아악, 하늘 가르는 갈가마귀 숨비소리

동장군 휘두르는 언월도에 이는 바람
여기저기 동파시켜 허술함을 다그치네
수은주 빨간 눈금도 움찔하고 몸 사리는,

땅도 물도 죄다 얼은 얼음 천지 난장판에
숙설숙설 겨울 숲의 졸가리가 느긋하네
보일러 온도 높이고 코골이 하는 소나무

광화문 멧비둘기

바쁜 일손 팽개치고 막아선 길 뚫고 있다
'불법집회' 꼬리표 달고 몰려든 비둘기 떼
날 세운 지상의 바람
정강이에 감기는데,

낯선 도심 거리마다 싸라기눈 흩날려서
허기진 동공에는 생기 저리 살아나고
씻나락 까먹는 소리
환청인 듯 여울지네

되돌릴 수 없는 발길
주차 더욱 금지되고

'상경을 불허한다'
조간신문 엄포에도

적부適否를 저울질하는
여신의 눈매라니!

햇귀 한 줌, 갈피끈 되다

제6부

침목枕木, 대륙을 여는

철 지게 짊어진 채 꿋꿋하게 버티고 서

세상 모든 만 근의 짐 받아내는 등짐쟁이

칸칸이 깔린 잡석이 힘 보태서 든든하다

끝없이 휘몰아치는 시린 바람 막아내고

피땀 흘린 조상들이 일궈온 이 한반도

그 자취 발판이 되어 한류 또한 우뚝 섰다

닫혔던 북쪽 길도 스스로 열리는 날

황사 따위 문제 되랴, 거침없이 힘껏 달려

저 넓은 대륙의 지평 호령하며 뚫고 싶다

크림빵과 아버지

속이 제법 허전해져 뒤척이는 어둑새벽
조갈도 덩달아서 침상을 뒤척이네
창문에 크림빵 같은 보름달이 얼비친다

까까머리 그 시절은 배곯이도 자주 했지
빈 그릇 긁어대다 학교 가던 어떤 날에
울 엄니 슬쩍 넣어준 책가방 속 비밀의 맛

보리밥 채운 배가 금방 꺼져 헐거운 저녁
날품팔이 울 아버지 새참 빵을 아꼈다가
품에서 내어주시며 환히 웃던 그 시절

리모컨에 코 꿰어서

크다고 다 '갑'이 되랴
뻠치에 코 꿰어서
누르는 버튼 따라 죽고 사는 텔레비전
눈떠서 세상을 펴고 눈을 감아 면벽하네

하찮은 몸피 속에 가시 돋친 성깔 있어
굴레 챙겨 스스로 쓰고 저 덩치가 '을'이 됐나
누르미* 쏘아댄 전파에 꼭두처럼 춤을 춘다

타성끼리 서로 만나 티격태격 살다 보니
어느덧 잔소리에 고삐 잡힌 나의 하루
그대 입 리모컨 앞에서
한풀 꺾인 찌릉소

* 리모컨의 우리 말.

신라면 봉지

살찌울 맛 오래도록 그대 위해 간직하고
북풍이 몰아쳐도 변함없는 곳간지기
두 볼에 맴도는 불빛, 검은 눈썹 단단하다

똬리 틀은 으뜸 재주 무궁무진 풀어내고
조금은 밑지는 셈, 아우르는 소찬 소반
내 집이 볼텍스*였나, 한때 이룬 군현운집群賢雲集

섣불리 비운 자리 애물단지 명퇴 신세
못다 핀 꽃 천대하니 억울함이 겹겹이다
나 비록 눈총받아도 천년은 버티리라

* vortex : 지하에서 강한 에너지가 계속 분출되는 곳.

도꼬마리

눈 뜨고 볼 수 없네, 피 터지는 개울 기슭

욕심대로 금 그어서 울타리 친 저 너스레

깜냥에 국화라 했나, 어딜 보나 잡풀인 걸

손톱 박고 달라붙는 악다구니 저 몸부림

오팔 년 개띠 여인 억척 떠는 삶과 같아

내 자식 입신양명에 온몸을 불사르는,

개 짖는 소리

오늘같이 잠 못 드는 산촌의 외딴 이곳
산 짐승 내려왔나, 컹컹컹 경계경보
백구가 멋대로 정한 저 산과의 디엠지

서울의 모래섬에 둥지 튼 도도새들
뒤주 빈 줄 왜 모르나, 섣불리 부는 나팔
입 발린 포퓰리즘에 허기진 유기견들

네 탓 내 탓 지청구로 짖어대는 개소리에
알 수 없는 불안감만 침상 위에 내려앉네
환하게 세상 밝혀줄 새 아침은 오는 건가

구곡폭포, 얼어붙은

강촌역 뒤 검봉산 자락 드리워진 주렴 발이
물보라 죄 삼키고 해찰하는 아홉 구비
날이 선 바람을 안고
동안거에 들어있네

문배마을 물을 빌려 계절 내내 몸 씻다가
명치 끝 막혀오자 새하얗게 질렸는가?
그 섭리 좇는 산꾼들
빙벽등반 부산하다

손발 꽁꽁 묶인 참에 면벽하는 겨울 폭포
봄 햇살 금침 맞고 어혈이 풀리는 날
보란 듯 다시 몸 낮춰
사바세상 흘러가리

봄맞이

마른 잡초 가시덤불 온통 덥힌 무주공산
몇십 년 버려됐나 이랑 고랑 경계 없네
까아악! 무심히 날다 혀를 차는 갈가마귀

묵은 땅 갈아엎어 푸성귀 심으려는
손 뼘만 한 땅뙈기에 감자돌만 두 가마니
내려친 곡괭이 날에 번쩍이는 번갯불

흙바람에 여위어가는 봄날 꿈 부여잡고
땀 흘려 겨우 만든 씨받이 자궁 텃밭
호미질 손등 힘줄에 감자꽃 피어난다

쥐똥나무 울타리

폭염도 감내하는 아귀찬 울력꾼을
웃자라면 반골 될까 지레짐작 목을 치네
꼿꼿이 울안 지키는 쥐똥나무 울타리

한 치의 빈틈없이 오달지게 막아서서
지난겨울 이겨냈듯 이 여름도 버티겠네
네 꽃말 '강인한 마음' 되새기는 팔월 한낮

혹한 혹서 반복되는 이상 기온 지구별에
애면글면 꽃 피우고 새까맣게 맺는 열매
막노동 날품 팔아 산 아버지의 봉지쌀

국화 화분, 그 받침

넉걷이도 다 끝나고 무서리 내리는 날
책장 위에 올려놓은 찰지게 핀 국화 화분
노오란 가을 향기가 거실 안에 번지네

시집과 수필집이 가지런히 들어앉아
환한 꽃잎 화관 쓰고 박제된 저 정물화
때로는 물벼락 걱정 정수리에 번뜩이고

낮은 곳에 머무르는 볼품없는 화분 받침
작은 꽃 눈부시게 한껏 더 받쳐주네
언제나 가족 걱정에 쉴 짬 없는 당신처럼

남도의 해안도로, 걷다

코끝이 알싸한 날 서해 남쪽 사십 리 길
달려드는 차에 놀라 갓길 쫓긴 물새 됐나
내딛는 발자국마다 제비꽃 활짝 피네

후려치는 파도 맞고 꿈틀대는 꼬부랑길
봄비가 심술궂게 치근대며 돌아가고
솔가지 해풍에 취해 막아서며 쉬자 하네

몇 주름 걷어 내야 칠산 갯길* 끝닿을까
몇 시름 더 겪어야 삶의 순례 끝이 날까
발걸음 무뎌졌어도 멈출 수 없는 이 길

* 백수해안도로가 포함된 전남 영광군의 드라이브 코스

쇠뜨기 풀밭에서

잠 덜 깬 빈 들판에 햇살 엮어 진을 치고
하늘 높이 활 겨누며 한판 대결 준비하네
다단계 마디 촉 꽂고
떼로 몰린 푸른 결기

뜯어내고 짓밟아도 땅거죽 밑 헤집다가
포자 한껏 장착하고 너나없이 궐기하네
남도에 들끓던 함성
환청으로 듣는 오월

하찮은 게 대단할 때 살다 보면 꽤나 있지
두 주먹 불끈 쥐고 어깨 걷는 민초의 광장
해거름 혼불이 모여
불야성을 이루었네

수면안대 속으로

다투듯 치솟아서 어지러운 저 마천루
밤에 다시 불야성 되어 옅은 잠 깨우는가
뭇별이 죄다 지워지고
구름꽃만 피어 있네

큰 키만큼 그늘 깊어 뿌리 내린 광대버섯
울타리 넘나들며 마른 꽃밭 흔들어대네
웅크린 이 앉은뱅이꽃
주춤거리는 뒷골목

서툰 민낯 드러날까, 가리려 쓴 수면안대
불빛도 그림자도 다독이며 재워주네
자투리 검은 하늘에
실핏 뜨는 무지개

내 속의 방랑자

뜰 안에 개구리 울음 가득 차는 사월 초입
눈부신 남도 꽃소식 모른 척 외면하고
방 안에 가부좌 틀고 피워보는 게으름

춘곤증에 늘어지는 이 계절이 못마땅해
매서운 눈초리로 나태함 걷어내는 이
내 속에 방랑자 있네, 역마살을 부추기는

자연이 그려내는 광활한 저 캔버스
전파 태워 소식 전하면 그가 겨눈 표적 따라
어느새 신발 끈 묶고 길 나서는 한 사람

신도림역에서

철마가 울컥하고 토해 놓은 사람, 사람들
바쁜 일상 포개지며 얽혀서 밀려가네
휘몰린 비바람 속에서
개구리밥 부대끼듯,

지난 세월 궤도 따라 줄줄이 떠나보내고
플랫폼 저 벤치에 반나절쯤 멈춘 사내
앙다문 스크린도어가
환승을 가로막네

지상도 지하에도 흥건한 땀 냄새를
강 건너 모래섬이 힐끗 보며 비웃고 있나
인파 속 따라지 인생이
달려갈 곳 가뭇없네

봉지 커피 하나에

무거운 눈매만큼 헛헛해진 저물녘에
어녹이친 노숙의 몸 데워 주는 한 뼘 봉지
불면은 덤으로 남아 어둠 걸치고 다가앉네

불에 태워 가루 되고 유골함에 담았다가
반도에 와 되살아난 잉카의 전사인 듯
와르르 쏟아져 나와 추위 맞서 진을 치네

밤 지나 볕이 들면 환한 하루 다시 올까
달고 쓴맛 어우러진 황금비율 그 한 모금
다산*도 혀를 내두를 천상의 맛이라네

* 다산 정약용(茶山 丁若鏞).

원고지 한 장

펜촉에 눈길 모아 서툰 글씨 이어갈 때
사람살이 머흔 일상 거품처럼 넘쳐나네
한없이 받아만 주는 울 어머니 마음자리

잔소리라 흘려듣다 혼쭐나기 일쑤라지
버거운 등짐마저 칸칸이 부리게 하고
붉은 테 울타리 되어 벗어날까 보듬네

네모 속 나를 가둬 죽비로나 다스릴까?
흰 광장 맨바닥에 홀로 세우는 엄한 스승
말꼬리 자르고 추려 200자만 딱 채우는,

가을볕 깨알 털 듯 말(言) 누비는 책상머리
다 품어 줄 저 빈 대지 주름 펴고 누워 있네
모국어, 모국어 가꾸는 우리 텃밭 삼으리

신발끈 질끈 매고

잔뜩 감긴 태엽 풀어 되돌아본 허구한 날
뻘밭에는 비 내리고 너덜겅엔 눈 내렸네
수묵의 저녁 밤하늘
여우별도 숨 고르고,

발자국 그 자국마다 밭은기침 고이는가
동살 잡힌 산등성이 실루엣이 풀려 갈 때
별들이 이슬로 내려
마른 생각 적셔주네

하늘만 우러르다 눈길 낮춘 들판에는
쇠별꽃 흐드러지고 풀 내음도 싱그럽네
콧노래 절로 령嶺 넘어
질끈 매는 신발끈

안테나 솟대

등산길에 에멜무지로 잘라 온 나뭇가지
짬짬이 다듬어서 작은 솟대 만들었네
예부터 하늘과 사람 이어주던 안테나

단풍처럼 서쪽 하늘 붉어진 해거름에
문구 칼로 깎아 만든 나무새가 잠을 깬다
효자 새 까마귀 우는 솔수펑이 언저리

간절한 소망 담아 삽작문에 묶어두면
천상 저쪽 어머님과 꿈속에서 통화될까
손전화 가슴에 품고 애써 잠을 청한다

햇귀 한 줌, 갈피끈 되다

줄달음쳐 달려온 길 달빛 하마 부서지고
동살 잡힌 어름으로 일어서는 나문재밭
간월도, 굴딱지 섬 위에
애벌구이 해가 뜨네

환, 탄성 갈채 속에 숨탄것들 선잠 깨나
햇귀 한 줌 저 바다에 갈피끈 매어두고
한 하늘 넘길 때마다
밀려오는 파도 소리

하찮은 사구砂丘에도 푸새 뿌리 내리는가
이 세상 어디이든 물고 도는 시작과 끝
갈매기, 저 재갈매기
새 조감도 그리고 있네

염화칼슘 한 삽

엊저녁 내린 눈에 빙판이 된 골목길이
겨울 아침 바쁜 발길 단호하게 막아서네
펼쳐진 천라지망에 갇혀버린 나들이

온도계 빙점 밑을 파고드는 아린 한파에
철 대문 꼭꼭 닫아 온정도 다 끊겼네
얼붙은 사랑의 열매 녹을 기미 가뭇하다

출근길도 자애로움도 남과 북 교류까지
꽁꽁 언 해오름달, 한 삽 뜬 염화칼슘
힘차게 허공에 뿌려 말끔히 녹여볼까